나도 한번 뒤집어 볼까요?

국립중앙도서관 출판예정도서목록(CIP)

나도 한 번 뒤집어 볼까요? : 강준철 시집 / 지은이: 강준철
. -- 대전 : 지혜, 2015
p. ; cm. -- (지혜사랑 ; 133)

ISBN 979-11-5728-085-8 03810 : ₩9000

한국 현대시[韓國現代詩]

811.7-KDC6
895.715-DDC23 CIP2015025507

지혜사랑 133

나도 한번 뒤집어 볼까요?

강준철

지혜

시인의 말

또 헛소리를 늘어놓은 것 같다.

"그래도…"라는 마음으로 나의 분신들을 세상에 시집보낸다.

도움을 주신 분들에게 깊이 감사드린다.

2015년 8월
강준철

차례

3부

4부

5부

6부

7부

강준철 시인의 시작노트와 시관

• 일러두기

한 연이 첫 번째 행에서 시작될 때는 > 로 표시합니다.

1부

세상은 신의 은유다

세상은 신의 은유다
현상은 보조관념,
원관념은 언제나 신의 주머니 속에 있다
신은 시 쓰기를 좋아 한다
사람들은 그의 독자,
나는 그의 고급 독자가 되고 싶다
바람은 그의 언어요
산은 그의 마음이며
강은 그의 지혜다
바다는 그의 가없는 사랑이며
별빛은 그의 한없는 은총이고
안개는 그의 한숨이니
사람아,
신이 감춘 원관념을 찾을 지니라. 그러나
우리는 그 원관념을 영원히 찾을 수 없을지도 모른다
그것은 신 자신도 잘 모르기 때문.
그러나
그 비유는 꽃보다 아름다워 인간들은
차라리 절망하느니라

붕어빵 아저씨

붕어빵 아저씨가 붕어빵을 뒤집고 있어요. 오, 시시각각으로 일어나는 고소한 혁명! 세상도 뒤집어야 골고루 잘 익고 완성되는 것 같아요. 그리고 뒤집을 땐 아저씨처럼 번개같이 뒤집어야 해요.

보셔요!
미의 여신이 모나리자를 뒤집고, 수련은 미의 여신을 뒤집고, 해바라기가 수련을 뒤집고, 아비뇽의 처녀들은 해바라기를 뒤집고, 계단을 내려오는 누드는 아비뇽의 처녀들을 뒤집고 브릴로 상자가 샘을 뒤집지 않았어요?
그때마다 새로운 꽃들이 피고 사람들이 뒤집어졌지 않아요?
그리고

플라톤이 아리스토텔레스에게 뒤집히고, 아리스토텔레스는 아우구스티누스에게 뒤집히고, 아우구스티누스는 베이컨에게 뒤집히고, 베이컨은 데카르트에게 뒤집히고, 데카르트는 칸트에게, 칸트는 마르크스에게 마르크스는 베르그송에게 베르그송은 하이데거에게 하이데거는 데리다에게 뒤집혔지요. 헌데, 그들은 좀 멍청한 사람들 같아요. 뒤집어 봐야 자기도 또 뒤집어질 걸 모르나 봐요. 그리고

이성계가 고려를 뒤집고, 학생과 시민들이 이승만을 뒤집

고, 박정희가 제2공화국을 뒤집고, 레닌이 제정러시아를 뒤집고, 모택동이 장개석을 뒤집고 프랑스 시민들이 루이 13세를 뒤집었잖아요? 이분들도 좀 그랬네요. 그런데
붕어빵은 뒤집으면 완성이 되는데 이분들의 뒤집기는 끝이 없네요.

모든 것은 언젠가는 뒤집어지고, 뒤집으면 새 세상이 열리는 군요.
그런데 뒤집기를 뒤집으면 완성이 되는지, 뒤집기의 뒤집기는 끊임없이 이어지는지를 잘 모르겠네요.
나도 한번 뒤집어 볼까요? 아, 내가 뒤집을 수 있는 건 나 자신밖에 없군요.

문득 돌아보니
지구가 몸을 뒤집고 있어요. 그리고
골목에서 봄이 겨울을 뒤집고 있어요.
아아 아 ~

관계

세계는 거대한 그물
우리는 그 그물의 수많은 코 중의 하나다
그 그물 안에는 크고 작은 무수한 그물들이 있고
사람들은 자기의 그물을 몇 개씩 가지고 있다
그 모든 그물들은 서로 연결되어 있다
우리는 그 그물을 서로 자기 쪽으로 당기고 있다
행성들처럼
그래서 그 그물은 항상 팽팽하게 긴장하지만 그것 때문에
그물은 존재한다 그러나
서로 자기 쪽으로 너무 당기면 그것은 찢어진다
때론 바람에 흔들리고
거센 파도에 휘말리기도 하지만
힘 센 물고기가 치고 나가거나 암초에 걸리면
끊어지기도 하고
낡으면 저절로 끊어지기도 한다
사람들은 대개 그걸 기워서 쓰지만
완전히 망가지면 새로 장만하여 쓴다
하지만 사람들은 그 끊어진 그물을 너무 쉽게 버리고
자신의 그물을 새로 산다
그러나 그건 예전만은 못하다

지금 벼리가 바람에 심하게 흔들리고 있다

역설

가난하면 풍성해집니다.

부자가 되면 배가 고픕니다.

넘어지면 정말 편안합니다.
무엇 때문에 안 넘어지려고 애쓰십니까?

앓아 누우면 행복합니다.
아프세요.
당신은 또 다른 당신을 만날 수 있고
그분의 음성도 들을 수 있습니다.

파산하면 마음이 편안합니다.
정신적 파산은 더욱 편안합니다.
그러면 당신은 하늘을 날으는 민들레꽃씨가 될 거요.

서로 기대면 무너지지 않는다

서로 기대면 무너지지 않는다
책과 책이 기대면 아무리 높아도 학문이 무너지지 않고
갈대와 코스모스도 서로 기대면 태풍에 쓰러지지 않는다
노인도 아이에 기대면 넘어지지 않는다

서로 기대면 외롭지 않다
풀과 꽃이 서로 기대고, 나무와 바위가 서로 기대고
불과 물, 사람과 땅이 서로 기대고 산다
땅과 하늘도 외로워 서로 기대고 산다

서로 기대면 춥지 않다
돌아앉아도 사랑은 척추를 타고 내려와 발끝까지 뜨겁다
서로 기대면 슬픔도 기쁨으로 바뀌고
미움도 사랑으로 바뀐다

서로 기대면 두렵지가 않다
남자와 여자가 서로 기대면 그 어떤 장애도 두렵지 않으며
부자와 가난한 자가 서로 기대면 도둑이 두렵지 않고
왕과 백성이 서로 기대면 천하가 두렵지 않고
삶도 죽음에 기대면 아름답고
죽음도 삶에 기대면 두렵지 않다

평형수平衡水

삶과 죽음의 무게는 같아야 한다
전후, 좌우, 상하, 미추, 선악의 무게도 같아야 한다

벌레와 사람과 신의 무게는 본래 같았다
물과 돌과 바람의 무게도

너와 나의 무게도 같아야 한다
내가 하늘이라면 너도 하늘이고, 네가 꽃이라면 나도 꽃이다
내가 우주라면 너도 우주다
우리는 모두 천상천하유아독존이다

우리의 삶에 평형수를 채워야 한다
평형수가 목숨이다
땅만 보고 하늘을 쳐다보지 않아서는 안 된다
배를 너무 채워도 너무 비워도 안 되고
생각이 너무 많아도 너무 적어도,
과거만 돌아보거나 미래만 쳐다보아서도 안 돼
물이 너무 맑으면 고기가 못 살지

역사는 이지러져도 곧 다시 보름달이 되지
그래서 역사는 죽지 않아
우리의 삶이 바다처럼 영속하듯이

>

그러나 우리는 모른다
우리가 생명의 한복판에 있다고 생각할 때
그것은 우리의 한복판에서
감히 울기를 한다* 는 것을

평형수를 잃으면 거기가 저승
그 경계는 찰나이고 그 폭은 0.0001미리미터보다 좁다

우리는 중간자, 언제나 평형을 유지해야 한다
또한 우리는 유한자,
우리의 삶을 죽음에게 물어 보자
천당과 지옥을
아, 우리는 너무 삶에만 무게를 주었구나

* 릴케의 시 「종곡」.

벽을 밀며

벽의 날개 밑에 숨으면 편안하다
자유는 벽의 뒤쪽에 있지만
얼이 탈색된 문자를 보면 나는 눈물이 난다
나의 아킬레스건腱은 항상 아프다

우리는 수많은 벽을 쌓아 왔고
또 수많은 벽을 허물어 왔다
우리는 죽음을 쌓으며 동시에 삶을 허물고 있다
꽃 속에서도 벽은 밀림으로 자라고 있다

벽 너머에는 항상 하이얀 별들이 피고 있다
그 또한 벽이 되지만

오오, 사랑이여
자유여
훠얼 훨 날아가서 저 벽을 녹여버려라

나는 오늘도 절룩거리는 시지프스가 된다

팬티 한 장도 2

팬티 한 장도 못 입고 가는 게 우리의 삶이네

유언은 미리 해 두게
임종에 다다르면 혀가 무서워 말을 못하네

이름 모를 새의 깃털이 흩어져 있는 산마루에 해가 지고 있네
줄게 있으면
똑같이 나누어 주게
아들, 딸 구별 말고
장, 차남 구별 말고
남김없이 나누어 주게
관 속에 노잣돈 넣어 줘도 수의에는 주머니가 없다네

줄 게 없으면
일 년에 한두 번씩이라도 나를 기억해 주기를 부탁하게
그들이 기억하는 한
나는 살아 있음일세
그러나 마지막 숨을 몰아쉬고 있는 연어 떼들을 보게

고향집 감나무에 마지막 가을이 내리고 있네
이제 그 호랑나비를 놓아 주게

팬티 한 장도 못 입고 가는 게 우리의 삶이네

정리

식탁 위에 펼쳐 놓았던 반찬통들
뚜껑 닫고 포개 놓으니
너무 간단하네

우리의 삶도 뚜껑 닫고 정리해 놓으면
얼마나 간단할까

빌어먹을,
그게 곧 죽음이네!

한 점 마침표
아, 이 얼마나 아름다운가

황혼 2

그분이 하루의 마지막 창을 닫으려고 서쪽 하늘을 장엄하게 채색합니다
- 삶의 마지막 날도 이렇게 아름다우니라
그리고 곧 이어서 다른 창을 열어 밝은 달과 별들의 눈웃음을 보여 줍니다
- 삶의 저쪽 세상이 이처럼 안락하고 평화로우니라

그분은 내일도 다시 날빛 찬란한 새 창을 열었다가 닫고
별들이 가득 찬 까만 창을 열어 보일 것입니다

음양

음양은 분명히 있다
높고 낮고 차고 더운 것은 분명히 다르다
그러나 그것을 마음에 담으면
병이 된다
바람은 더운 곳에서 찬 곳으로 불지만
사람은 찬 곳이 더운 곳을 빨아들인다

나무와 사람은 분명히 다르다
그러나 그 또한 마음에 담아 두면 병이 된다
나와 남은 분명히 구별된다
그러나 그걸 종교로 삼으면
전쟁이 일어난다
있음은 분명 구별되지만
없음은 하나다

하늘과 땅은 분명 다르지만
어디까지가 하늘이고 어디부터가 땅인가?
이를 너무 따지면
지옥간다

아, 배가 아프다
당신은 외간 남자를 좋아하나?

그렇지 않다면 어찌 여자인가?

아무것도 하지 말라고?
물이 되라고?
미친 영감쟁이!

쥐똥나무의 겨울

쥐똥나무에 모진 겨울이 왔다.

밤마다 별이 내리는 공동묘지 고개를 넘어
동백꽃잎 밟으며 오신다던
그분은 아직 오지 않았다.

쥐똥나무의 새끼들은 아직 풋콩처럼 푸르다.
그분이 와서 데려가기까지는 가을볕이 조금 더 필요하다.
맥문동은 벌써 새끼들을 초롱초롱 키워 놓았고,
만리향도 귀여운 새끼들을 낳아 조롱조롱 길러 놓고 술까지
빚어 놓았다.
산수유는 벌써 이마가 쪼글쪼글, 지는 해를 잡고 손을 비비
고 있다.
그런데 그녀는 아직 새끼들이 까맣게 익지도 않았는데 대문
앞을 서성거리고 있다.
그때 백 그루의 종려수가 바다를 펴 올려 앞마당에 깔았다.
수선화가 촛불을 들고 노래를 불렀다.

지구 저쪽
해가 저무는 올리브나무 산에서 한 사나이가
새끼 나귀를 타고 있다.

죄罪

거미가
걸려든 나비를 맛있게 먹었다
그 거미를 새가 잡아먹고
그 새를 더 큰 새가 잡아먹고
그 큰 새를
사람이 잡아먹었다

이 중에 누가 죄가 있느냐?
짐승들은 죄가 없고
사람에게만 죄가 있다
왜?
짐승들에겐 천국이 없으므로
그들에겐 교회도 없고
성경도 하나님도 없다

누군가가 그물을 만들었고 지금도 우리가 그 그물을 깁고 있다
나무들이 거꾸로 서서 뛰어가고 있다

말言과 칼이 뒤 따라 뛰어가고 있다

2부

가슴을 보이고 싶다

봄입니다
풀과 나무들이 저마다 다른 말로
하늘을 열어 보입니다

그것은 말 없는 말
너무나 아름다운 말입니다
그러나 그것은 너무 잔인한 말입니다
바람이 불면 그들은 문장들을 분해하여
대지 위에 색색의 단어들을 뿌립니다
대지에 몸이 닿으면
그것들은 새로 모여 또 다른 의미의 눈부신 문장들이 됩니다
그 언어는 진흙탕과 하수구도 아름답게 바꿉니다
사람들은 그 언어를 무심히 밟고 지나가지만
나는 차마 그것을 밟을 수가 없습니다

봄입니다
봄은 만상이 겨우내 쌓아두었던 저마다의
가장 아름다운 말
저희들의 가슴을 열어 보이는 계절입니다
우리도 말이 하고 싶습니다
이 세상에서 가장 아름다운 말,
이 세상의 말이 아닌 말을

새들의 노래 숲의 귀를 잡아당기고

하늘은 초록 잎새의 차일
그 틈으로 황금의 알갱이들 파동치고
땅은 풀들의 이야기에 가슴이 젖어 있다

세상은 눈부신 초록 그네
이따금 새들의 노랫소리
숲의 귀를 잡아당긴다

초록 물결 위에 하얀 사색의 배 한 척 떠가고
나무들은 모두 분수를 지키며
눈을 감고 가볍게 몸을 흔든다

푸른 산바람이 몸을 들락거리며
찐득한 어둠을 씻어내니
온 몸에 계곡물이
콸콸 흐른다

나는
잎맥을 타고 나무 속으로 보랏빛 여행을
떠나는 나에게 음표처럼 손을
흔든다

꽃 핀 자리

꽃 핀 자리는
그늘도 날빛처럼 환하다
눈꼽만한 꽃이라도 사방 백리가 환하다
둘러 보아라 너의 주변을
너무 어둡지 않느냐?
꽃을 심자
사방 천리가 환해지도록
땅이 환해지면 사람의 마음도 환해지는 법
스님들의 얼굴이 달덩이처럼 환한 것은
그들이 마음 밭에 꽃을 심어 가꾸기 때문이리라
신부나 수녀님의 얼굴이 그렇게 맑은 것도
그들의 마음이 꽃밭이기 때문
아, 나도 마음 밭에 꽃을 심어 나의 주변을
환히 밝히고 싶다
아니, 나도 꽃이 되고 싶다
그들의 둘레가 눈물겹도록 환하지 않느냐?
그래,
영원이란 건 없지.
우리, 순간이라도 열반에 젖자.

동백꽃

립스틱 짙게 바르고
내 앞에서 어쩌자는 거냐?
향수를 너무 많이 뿌렸잖아!
그 살인적인 미소는 또 뭐냐?
저리가! 너무 뜨거워
만 리 밖 강철문이 다 녹아내리고 있어
치마를 좀 내려!
그렇게 웃고 있으니
불구대천의 원수라도 널 사랑하지 않을 수 있겠나?
너의 품 속,
아마 거기가 천국이겠지?

가까이 오지 마!
내가 두려워.

가을 3

바람이 그 큰 눈을 한 번 부릅뜨자
대지는 금세 사지가 마비되고
풀들이 고개를 꺾고
나무들은 몸을 떨며 커다란 눈알을 굴립니다

바람은 이리저리 싸다니며
사물들의 눈과 입과 코와 겨드랑이를 쑤셔대고
그들의 생각에 구멍을 내고
그들을 어두운 굴속으로 끌고 갑니다

놀란, 제비들이
전깃줄에 정렬하여 날개깃을 점검하고 코스모스가
그의 까칠한 입술을 푸르르 떱니다
감나무가 빨간 고독을 안고 눈물을 글썽이고
사람들이 입을 꾹 다물고
사색의 긴 옷을 꺼내 입고 눈을 감습니다

가을은
회색 슬픔을 전염시키는
나쁜 바이러스입니다

사람들은 그 슬픔으로 자신의 초상화를 그립니다

축산항 가는 길

왼쪽은 고래의 거친 숨소리
오른쪽은 숨어 우는 바람소리
잊는다 하고 무슨 이유로 눈물이 날까요*
소리집(CD)은 목이 쉬었다
그녀는 어제부터 계속 같은 노래를 불렀다
우리도 목이 쉬었다
바다도 노래를 부르며 우리를 계속 따라 왔다
가끔 소나무 숲들이 바다를 밀어냈지만
바다는 결코 밀리지 않고 따라 왔다
백사장도 따라 왔다
그들은 언제나 우리보다 먼저 가 있었다

아, 저 수평선 위에 나를 올려 놓고
탱탱하게 부푼 시위를 당기면 나는
하늘나라에서 다시 태어나리
우리가 꿈꾸는 세상은 맑은 바람과 깨끗한 물과
꺼진 불에서 볼 수 있나니

내려 갈 때 보인다
올라갈 때 보이지 않던 꽃**

"너희가 안전하게 저 항구에 도착하려면

바다를 보면 바다가 되고 백사장을 보면 백사장이 되어라"고
갈매기가 훈시를 했다

고래의 푸른 숨소리가 낮아지고
갈대가 멀리 사라져도
숨어 우는 바람소리는 계속 따라왔다

* 이정옥(?)이 부른 노래 가사의 한 부분.
** 백담사 마당에 세워진 시비에 새겨진 누군가의 시.

자작나무 미술관*

그는 부재중이었고,

침침한 방에는 샤갈이 자작나무를 베고
벽난로가 초겨울을 태우고 있는 소파에 잠들어 있었다
차이코프스키가 흐르고
벽에는 고호가 찡그리고 있는데
카운터 너머에서 벨라**가 늦은 가을을 끓이고 있었다

내가 언덕 위에 있는 창고 같은 목조 전시실에 들어가자
그는 언제 왔는지 침침한 전시실 벽 자작나무 뒤에 숨어서
눈을 번떡이고 있었다

산등성이를 넘어 온 바람이 자작나무의 흰 살결을 쓰다듬었다
몸을 떠는 자작나무.

내가 뒤돌아보았을 때 자작나무들은 각자 그들의

우수에 찬 깊은 눈길로 나를 쳐다보고 있었다

석양이 나의 눈물을 증발시켰다

그때

자작나무는 레닌그라드로 가는 열차 안에서 순교하고 있었다

그는 부재중이었다.

* 정식 명칭은 미술관자작나무숲이다. 강원도 횡성군 우천면에 있음.
** 샤갈의 부인.

숲 속의 작은 도서관

벚꽃을 바라보면 현상은 본질에 앞선다
그러나 나는 그때 싸르트르보다 플라톤과 데카르트를 좋아했다

숲속 작은 목조집에 책들이 서로 어깨를 기대고 잠자고 있다
지붕 아래 시계는 휴식을 잊은 채 뚜벅뚜벅 걷는데 사람은 아무도 오지 않았다
그 옆에,
'Chilsung Cider' 'Maxwell House Coffee'
자판기 두 개가 야릇한 웃음으로 사람들을 유혹했다
"have a good time" 라고 아양을 떨면서,
나는 순간 "언어는 존재의 집이다"라고 말한 하이데거를 의심하였다.

그들의 양 옆에는 벚나무가 눈부신 드레스를 입고
봄바람에 맞추어 춤을 춘다
"이리 오세요. 같이 춤을 추어요"라며,

금련산 숲 속의 작은도서관은
버림받은,
언제나 잠자는 숲 속의 미녀였다
화려함 속에 초라함이 빛나는

가을 산

키스 반 동겐의
「푸른 눈의 여인」이 커다란 눈을 더욱 크게 뜬다.
입에서 붉은 단풍이 피고
눈가에 늘어선 전나무에서 황금빛 바늘이 떨어진다.
반 고흐가 푸른 캔버스에 「해바라기」를 마구 그려댄다.
잘린 귀에서 피가 흐른다.
키르히너가 사랑한 「여인의 누드」가
초록 직물 위에서 눈물을 흘리고 있다.
비극의 주인공이 최후를 맞이하듯
바실리 칸딘스키의 「풍경 습작」이 선혈을 흘리고 있다.

한국의 가을 산,
모던 아티스트들
의 뜨거운 내면이 컹컹 짖고 있다.

하루

세상의 하루는 또 그렇게 미분, 적분처럼 펼쳐지지만
나의 하루는
다 읽고 난 신문처럼 접어진다

특별히 기억하거나 저장할 만한 것이 없는 나날
해가 지면 어쩔 수 없이 하루를 접는다

비갱신형 암보험 같은 퀴퀴한 하루

그 많은 복잡한 세상이
날마다 종이 몇 장에 접혀
세상 밖으로 사라지듯이
내일도
나의 인생은 그렇게 접혀 사라질 것이다

아니, 우리 모두

그럼에도 불구하고 우리는 어쩔 수 없이 다시
밥상을 펴고 컴퓨터를 켜며
많은 셈을 하며
밤중에도
휴대폰 속을 유영한다.

아기장수

태초에 사람은 새였는지 몰라
그렇지 않다면 어떻게 그 높은 하늘나라에서
털끝 하나 다치지 않고 지상에 안착할 수 있었겠어?
이래로 땅이 좋아 땅에 발을 붙이고 먹고 자며
씨앗을 퍼트리기에 바빠서 날개가 퇴화된 거야
겨드랑이에 그 흔적이 있어

당신 내 말 듣고 있어?

그래서 나는 거울 앞에 설 때마다 그 날개가 보고 싶어
두 팔을 들어 날갯짓을 해 보는 거야
아니 용불용설을 믿고 열심히 날개 운동을 해
언젠가는 내가 날 수 있다는 걸 굳게 믿으며
너무 높이 날아올라 날개가 타버릴지라도
다시 날개가 돋아나 하늘 끝까지 가보고 싶어
우리 모두는 조류였음이 틀림없어

당신 내 말 믿을 수 있어?

날개 없이 발로만 산다는 건 비극이야
잃어버린 날개를 찾아야 해
누구는 땅이 더 중요하다고 야단이야

리얼리즘이야말로 문학이 추구해야 할 최고의 가치라고 부르짖고 있지만
나는 하늘이 더 좋아
그래서 나는 언제나 땅을 떠나고 싶어
날마다 날개를 수백 장씩 그리고
날개 운동을 열심히 하고 있어
그러다보면 언젠가 나는 날개 달린 아기장수가 될 거야
그 아기장수는 절대로 죽임을 당하지 않고
살아서 하늘에 오를 거야
황금 두레박을 타고…

3부

욕망의 변비

나무들이 소리 질렀다
눈이 옵니다
주의하십시오
저 순결함에 화상을 당할 수 있습니다
리조트는 안전하지 않습니다
탈출하십시오
욕망의 변비에 걸리지 말고
설사하십시오
언어의 감옥에서 탈옥하지 말고
투옥되십시오
말 없는 자연에 항복하십시오
결국 우리가 가야 할 곳은 낙원이 아닙니다
인터넷입니다
소매물도의 등대는 꺼지지 않습니다
지하 150m의 암반수로 씻은
쌀이 되십시오
모두
찬 돈까스를 먹고 잠드십시오

산은 달린다

산들이 달린다. 짐승처럼
크고 작은 여러 산들이 겹쳐서 달린다.

갈내빛,
　　푸른 빛,
　　　　푸르스름한 빛,
　　　　　　　　회색.

허공에 거대한 멜로디가 튀어 오른다.

산은 어디로부터 와서 어디로 가는가?

높이 오를수록
더 많은 산들이 달려가고 있다.
넓은 초원을 질주하는 야크떼,
뿔들의 향기로운 뒤엉킴

그들은 왜 달리는가?
누가 그들을 달리게 하는가?

오!
어둠이 오기 전에

저
짐승들의
푸른 등을 타고
조건도 주인도 없는
당신이 계신 그 먼곳에 가고 싶다.

신음呻吟

장마전선이 북상할 거라고
티이브이(電映機, TV)가 말했다

바다가 흐려지고
검은 복면을 쓴 귀신들이 집들을 공격했다

창문들이 비명을 지르고
문풍지들이 분노했다
방문들은 신음하며 머리를 벽에 부딪쳤다

귀신들이 더욱 공격을 강화하자
모든 문들이 신음하며
눈물을 펑펑 쏟았다

사력을 다했으나
그들은 물러가지 않았다

그러나
문들이 스스로를 열자
귀신들은 즉각 퇴각하였다

눈雪

나목이 말씀을 껴안고 꽃이 되었다

기마상은 흰 이불을 머리끝까지
덮어쓰고 깊은 잠이 들었고
바위들은 흰 가사를 입고 선禪에 들었다

활활 타는 적막,

사물들이 하나가 되었다

사람들이 사물 속으로 들어갔다

땅이 하늘이 되었다

울도鬱陶

고호의 아이리스를 먹고
자색 고구마 속에서 노래를 들었다
울도한 어느 날
그녀가 등꽃으로 기대 왔다
그녀의 뒤는 보이지 않았다
겨울에 나는
그녀의 입술에
목베고니아 꽃잎이 되어 눈처럼 떨어졌다
가지를 베어 먹고
그녀는 포인세티아처럼 붉게 울었다
가끔
등꽃으로 핀
그녀의 청춘을 한 장 넘겨보고 싶다
아직도 그녀의 입술에 목베고니아 꽃이 피어있는지
그녀는 사진을 찍을 때
언제나 맨 가 쪽에 섰다
그녀의 오른쪽을 나는 볼 수 없다
그리움이 사치처럼 주렁주렁 열린 어느 날
그녀는 모나리자 속에 앉아 있다

바람

부처님이 대나무 숲속을 뛰어 다니신다
부처님이 갈참나무에서 굴참나무로 굴참나무에서 졸참나무로
떡갈나무로, 신갈나무로
날아다니신다
풀숲 사이를 헤집고 다니다가
새파랗게 침을 세우고 있는 밤송이를 따 먹고
장미꽃 속에 들어가 가부좌를 튼다

하늘로부터 수많은 부처님이 추락한다

인생

자! 인생이란 무엇이냐?
웃음이냐?
눈물이냐?
바다 위를 유유히 산보하는 유조선이냐?
바다 위를 바삐 달아나는 모터보트냐?
기중기에 매달린 바윗덩어리냐?
그 위에 앉아 잠이 든 흰나비이냐?
자연산 쥐치냐?
양식된 광어냐?
애인을 대행해 주겠다는 선착장의 커피아줌마냐?
6급 장애인 판정을 받고 절망한 늙은 교수냐?
오빠아 하고 매달리는 미시 김이냐?
여자라면 천리만리 달아나는 산중의 대덕이냐?
값싼 소주냐?
비싼 양주냐?
모르죠, 아무도 모르죠, 인생은.
그것은 시간이 답을 할 테니
기다려! 친구야.
인생은
외로운 섬에 쳐진 그물이냐?
걸림 없는 바람이냐?
버스냐? 승용차냐? 아니

지하철이냐? 비행기냐?
하, 하, 하…
오늘은 인생이 너무너무 달콤하구나!

풍경

나는 멀리서 그녀를 바라보았다.
그녀는 꽃이었다가 별이었다가 해가 되었다.
그녀의 가슴에는 하얀 배가 한 대 안겨 있었다.
배는 금시 예쁜 항아리가 되었다.
항아리에서 복숭아나무가 자라더니 금시 꽃이 만발했다.
숲에서 새가 한 마리 날아와 그녀의 머리 위에 앉았고
그녀는 꽃 한 송이를 입에 물고 하얀 성벽 앞으로 걸어갔다.
바다가 그녀의 발밑에 와서 노래를 불렀다.
복사꽃잎이 그녀의 발등에 눈처럼 떨어져 쌓였다.
나는 문을 열고 성 안으로 들어갔다.
성 안에도 복사꽃잎이 길을 덮고 있었다.
오래된 우물에서 시원한 냉수를 한 바가지 길어 마시자
비밀처럼
방문이 열렸다.

황홀한 혼돈

하늘이라고 일컬으니 땅에 밤이 내렸다
검은 빛과 노란 과일
집에는 오얏과 거친 나물뿐 있도다
해는 무겁고 달은 겨자보다 맵다
바다가 기울어지고 별은 짜다
강이 잠자니 맑은 물에 고기비늘이 탄다
가라앉는 추위에 날개가 오고
날개가 더워지니 용이 날아간다
스승은 가을이 되어 불을 거두고
임금이 겨울이 되니 새들이 숨는도다
하늘을 불러 상처를 물으니
예쁜 난초가 더욱 측은하구나
궁에 모여 인하여 맹세하니
낚시 바늘 소리 오동나무 밑을 거닐고
거문곳줄이 바다에서 뛰어 오르는도다
가슴을 다친 여자가 시간의 종소리를 살피고
안팍을 뒤집어 입은 사나이가 노래하며 춤을 추도다

뿔이 난 우리

머리에 뿔이 난 우리는 더 자극적
인 것만 느낀다
그러므로 보다 덜 자극적인 세계는 느끼거나 알
지 못하고 인정하려 하지 않는다
이것이 우리의 지평선이다
가장 높아서 멀리 있는 그분은 밥보다 덜 자극적이다
그래서
꽃보다 덜 아름답고
노래보다 덜 즐겁고 포도주보다
덜 향기롭다
바로 옆에 와도 우리는 알
지 못한다 밤중에
저 검은 담을 넘어야 눈부신 보석을 훔
칠 수 있다

말춤은 십자가보다 더 자극적이다

부지소종不知所終

그녀는 천사였다
그녀는 눈이 밝아지는 열매를 따먹지 않았다
그녀의 방에는 늘 무지개가 뜨고
라일락이 계절없이 피었다
그녀는 모차르트와 함께 살았다
샤갈과 살았고 피카소와도 살았다.
밤마다 무도회를 열고 색색의 뱀들과 춤을 추었다
그녀의 집에는 해가 지지 않았다
그러던 그녀에게 가을이 왔다
들꽃이 별처럼 핀 더없이 넓은 들판에서
그녀는 허물을 벗어 놓고 홀연 사라졌는데
부지소종不知所終이라.

시습時習이 그렇게 전했다.

화랑畵廊

열기 : 오후에 한 무리의 관람객이 몰려들었다. 그들은 내가 잘 아는 사람들이다. 나는 친절히 안내했다. 걸려 있는 그림들은 모두 나의 작품들이다. 그러나 다른 작가들의 도움이 컸다.

"자, 이제 그림을 보여드리겠습니다. 조용히 따라 오세요."

그림 12

허름한 처마 아래서 밤
열두 시에 나는 죽어,
나는 가을
비에 젖어 펄럭이는 疾患이 되고
한없이 깊은 층계를
굴러 떨어지는 昆蟲의 눈에 비친 暗黑이 된다
두려운 칼자욱이 된다 이제
어려운 말은 하지 않겠다
다리 아래를 쳐다보지 않겠다
목의 치수를 재지 않겠다
혀를 굴리지 않겠다
너는 떠났고
너 때문이 아니라
a로 시작하는 모든 단어가 사라졌다

>

그림 101

모과는 없고
모과나무만 서 있다
잠들지 못하는 건 파도다
마지막 한 잎
강아지풀도 시들고
하늘 끝까지 저녁노을이 깔리고 있다.
잠들지 못하는 건 바람이다
하느님이 한 분
하나님이 또 한 분
이번에는 동쪽 언덕을 가고 있다

그림 000

시체는 바다에 떠 있었다
출렁이는 파도에 여자는 깨어졌다
깨어진 여자는 구슬이었다
빛 잃은 구슬들이 뒤척이는
어둠 속엔
뱀들이 기어가고 있었다
키스 반 동겐의

「푸른 눈의 여인」이 커다란 눈을 더욱 크게 뜬다
입에서 붉은 단풍이 피고
눈가에 늘어선 전나무에서 황금빛 바늘이 떨어진다
그녀의 뜨거운 내면이 컹컹 짖고 있다.

그림 18

사랑하는 나의 하나님, 당신은
늙은 비애다.
아니다 지선至善의 산정에 오른 사람이 짓는 햇살 같은 미소다.
푸줏간에 걸린 커다란 살점이다.
아니다 당신은 러시아 정교회 황금성당의, 나의 영혼을 하늘로 밀어 올린 코러스이다.
시인 릴케가 만난
슬라브 여자의 마음에 갈앉은
놋쇠항아리다.
아니다 당신은 대장간의 모루 위에서 잘 다듬어진 시뻘건 단도短刀다.
아아 시의 젖가슴에서
마시던 입이,
기겁을 하고,
솜털 입술을 떤다 :

-오, 단맛이 흘러 나오던
내 어머니 지성아,
젖을 마르게 두다니
이 무슨 실수!

그림 69

빨치산에 겁탈당한 내 누이다
소름돋친 살갗을 떤다
모래벌에 혀를 박고 죽은 열 아홉이다
핏빛으로 파헤쳐진 밑구멍이다
암살은 틀림없이 감행되었다
물증보다 확실한 심증 심증보다 더 확실한 것은
저 下弦달이다

그림 96

前後左右를除하는唯一의痕迹에있어서
획획 시간이 달아난다 어디로 가는거지?
翼殷不逝 目不大覩
궁금한 나는 시간의 손을 끌어 잡는다
胖矮小形의神의眼前에我前落傷한故事가有함

잽싸게 뿌리치고 달아나는 비밀 같은 시간
臟腑라는것은浸水된畜舍와區別이될수있을는가
나는 온힘을 모아 시간의 꽁지를 끌어당긴다

그림 13

내 누님 같이 생긴 꽃아 너는 어디로 훨훨 나돌아 다니다가 지금 되돌아와서 수줍게 수줍게 웃고 있느냐 새벽닭이 울 때마다 보고 싶었다 꽃아 순아 내 고등학교 시절 널 읽고 천만번을 미쳐 밤낮없이 널 외우고 불렀거늘 그래 지금도 피 잘 돌아가고 있느냐 잉잉거리느냐 새삼 보아하니 이젠 아조 아조 늙어 있다만 아이구 지루하구나 이런 걸 어찌 다 읽겠느냐 순아, 서정주의 순아 오빠는 잘 있단다 오공과 육공 사이에서 민주와 비민주 보통과 비보통 사이에서 잘도 빠져 나가고 있단다 세월이 유수하여 이제는 7080이란다

닫기 : 관람객들을 보내고 나서 나는 나의 그림에 도움을 준 이상, 김지향, 발레리, 김춘수, 강우식, 박청륭, 박상배, 이형기, 자끄드늬망, 이승훈, 오세영 씨들을 카페로 찾아가 인사를 드리고 사례하였다.

4부

나는 이제 너에게 새로운 칸나의 입술이 되고 싶다

8월의 햇살보다 더 뜨거운
붉은 입술이
차창을 두들기며
나를 다시 유혹하고 있다

하늘이 날로 자라고
푸른 강물에 별들이 출렁이던 그때
나의 우주에는
칸나의 붉은 입술이
폭우처럼 자라
아팠다
그 칸나가 오늘 나의 창에 다시 피어
뱀의 혓바닥을 날름거리며
끓는 대낮에
나를 어두컴컴한 골목으로 끌고 간다

가람이 몸을 뒤틀며 산을 애무한다
숨이 가쁜 기차는 잠시 후

그 칸나의 입술을 다시 만날 것이다
50년 전의 그 입술을

나는 이제 너에게
새로운 칸나의 입술이 되고 싶다

악착齷齪

당신과 나는
에스컬레이터 톱니바퀴
꽉 물고
즐겁고 슬픈, 아름다운 길을 내내 엘리베이터한다
강을 건너고 산을 넘어서 간다
악착같이 이빨과 이빨로
물고 간다
당신과 나는
사막을 건너갈 때도
저승의 강을 건너갈 때도
절대로 꽉 문 이빨을
놓지 않을 것이다.
당신과 나는 이중나사locknut로
악착같이 조여 있다.
한 번 에스컬레이터에 발을 올리면
우리는,
자동으로 천국으로 올라가고 지옥으로 내려가지만
나사는
악착악착
더욱 조여질 뿐이다.

겨울 느티나무는 사랑이 그립다

그녀는 시방 머리를 땅에 박고
차고 푸른 바람으로
머리를 감고
숲의 향기로 몸을 씻고
가랑이를 벌려
가장 어둡고 습한 곳에
따가운
오후의 겨울을
쬐고 있다

그녀는 불꽃 여름이 그립다
목이 마르고
입술이 탄다
숨이 목젖까지 차 오른다
가슴이 터질 것 같다

그녀의 다리는 길고 미끈하고
엉덩이는
매우 튼튼하다

그녀는 스타킹도 하이힐도 속옷도
다 벗어던지고

머리를 땅에 박고 거꾸로 서 있다

그 가랑이 위로
햇빛이 폭포로 쏟아지고
푸른 바람이 콸콸 흐른다

벗을수록 아름답다

나무가 옷을 벗으면 추하지만
사람이 옷을 벗으면 아름답다
허물마저 벗으면 더 아름답고
생각마저 벗는다면
그는 하늘이 될 것이다

믿으면 풀리나니
우리 모두 옷을 벗자

명품

악어보다 더 무서운 손가방
소보다 더 비싼 장지갑

여인들이 악어를 어깨에 메고 학처럼 걸어간다
한 마리는 가방 속에 감추어져 있다
백화점 명품 코너에 악어들이
긴 다리를 뻗고 포즈를 취하며 웃고 있다

피, 피, 피
비린
핏빛 노을이 서창에 서럽다

악어의 눈알이 되어 너도나도 찾는 악어 가방
부러움과 시샘으로 여인들의
눈이,
입이 비뚤어진다

사람들은 악어가죽 속에 자신의 신상명세서와 신용과 존재를 끼워 넣고 거리를 활보한다. 고개를 쳐들고
그 여인의 가방 속에 우리가 있다

소가죽이 3만원인데 악어가죽은 그 배가 넘는다

그러나 물건을 살 때마다 그 악어는
입을 쫘악쫘악 잘도 벌린다.

도토리 엉뎅이는 너무 예쁘다.
깍정이를 벗겨 보라.
도요시절桃夭時節 - 아, 빨리 시집가서 저거 하나 받고 싶다

자궁

자궁은 블랙홀
어둠 속에서
위성발사체가 일어서고
수천 개의 붉은 사과가 목말라 달려가 폭발하는
찬란한 실낙원
신의 약속이 태어난다
가장 아름다운 혼돈이 출렁거리고
약속은 강물 따라 우주를 유영한다
즐겁게, 푸른 축복을 마시며
하늘 문이 열리길 기다린다
아픈 혼돈이
개고
사과는 익어서 황야로 떨어진다

하루가 하늘에 기록되고
실낙원은 달콤한 잠에 덮힌다

아름다운 욕망

나팔꽃은 왜 위로만 올라갈까?
하느님의 불씨라도 훔치려는가?
그녀는 왜 자고나면 한 계단씩 올라가서
나팔을 불어 집집마다 빠알간 희망을 배달할까?
그녀는 손도 발도 없는데 어떻게 그 높은 곳을 올라갔을까?
가까이 가서 자세히 보니
그녀는 줄에다 몸을 휘감으며 올라갔다
오오, 얼마나 놀라운가? 그녀의 지혜가
옆에 있는 수세미는 팔을 뻗어 손가락으로 줄을 잡고 올라가
고 있는데
나팔꽃은 팔도 손도 없이 온몸으로 오르고 있었다
아직 지지대가 조금은 남았지만
다 오르고 나면 어디로 갈 것인가?
하늘로 오르는 두레박줄도 없는데
아, 아름다운 욕망이여
사람들아 저 우듬지를 자르지는 말아라
하늘의 불씨를 따게

욕망의 에스컬레이터

백화점 1층에 들어서면 나는 콧구멍이 분화구처럼 확대되어
하마가 된다
욕망의 에스컬레이터를 타고 오르면
화장품처럼 향기로운 아가씨들이 전시되어 있어
사고
싶다
구두점에 가면 신지도 않았는데 발이 아프다
다시 욕망을 에스컬레이트하면
사람보다 더 예쁜 마네킹들이 멋진 옷을 걸치고
나를 응시한다
나를 사랑한다는 듯이
껴안고 싶다
아, 저 옷을 입으면 나도 저렇게 예뻐지겠지?
멋쟁이가 되겠지? 그러나 저건 너무 짧아!
아, 저건 꼭 맘에 드는데…
앗, 뜨거! 가격표가 나를 물리쳤다
다시 나를 에스컬레이터하면
요란한 원색이 춤추는 아웃도어 가게 – 고상하게 '샵'이라고
해야 하나?
모두 영어로 된 이름표를 달고 당당히 서 있다
다시 한 층을 에스컬레이터하면
거기는 서점 – 욕망의 변비가 걸리는 곳

그러나 여기도 영혼을 치료하는 곳은 아니었다
욕망을 불 지르는 베스트셀러가 장작처럼 쌓여 있었다
나는 덥석 그 한 권을 샀다
표지를 읽고
목차를 훑었다
순간, 대낮에도 빛나던 나의 별들이
타버렸다
영혼이 가벼워진 나는 엘리베이터를 타고 하늘 정원엘 올라
갔다가
다시 식당가로 내려와 돼지가 되었다
다시 커피로 입을 마취하고서야
나의 에스컬레이터와 엘리베이터가 정지되었다.
나는 입을 헤벌리고 잠에 떨어졌다

목숨을 건 사랑

4년만의 귀향
태어난 곳에서의 목숨을 건 단 한 번의 사랑
고난과 시련이 꽃 피운
오렌지빛 알 속에
생명은 영원히 이어진다

어떻게 그 먼곳을 찾아가는가
무엇이 그들을 그곳으로 끌어당기는가
5,000km의 대장정
태평양의 그 심해의 푸른 빛이
운명의 엑스도스를 시작한다
태평양의 가장 깊은 중심에서
수천만 개의 불타는 푸른 미사일들이 발사된다
그들의 머리에는 어머니의 강이 흐른다
그 강 바닥돌에 박힌 어머니의 젖냄새를 따라
울창한 어머니의 품속을 찾아간다
그러나 어디에나 악마는 있는 법
수십 마리의 고래들이 입을 그물처럼 벌리고
목숨을 건 귀향들을 배속에다 쓸어 담고
바다사자도 그 빳빳한 수염을 치켜세우며
날카로운 이빨로 덮친다
보나바르트 갈매기도 괴상한 소리를 지르며

그들의 레이더를 사정없이 파괴한다
그래도 위대한 푸른 빛의 전진은 멈추지 않는다
최후의 일인까지 최후의 일각까지
생명의 끈은 인연보다 튼튼하다

땅의 몸냄새와 나무들의 발가락 냄새가 나고
풀들의 눈물 냄새가 나고
희미하게 밤꽃냄새와 어머니의 젖비린내가 나는 곳
독수리떼의 비수같은 발톱과
몇 달이나 굶주린 곰들의 아가리가 폭포처럼 기다리고 있다
5,000km를 거의 다 와 마지막 장애물을 뛰어넘는 순간
꿈이 곧 죽음이 되니
어찌 곰을 탓하랴 그것이 자연의 이성인 것을
자연은 이렇게 비정하지만 그 비정으로 살아가는 것
이렇게 무수한 죽음의 고비를 넘겨도
하늘은 연어에게 또 다른 시련을 준다
비가 오지 않아 숨이 가빠 죽고 그러다가 갑자기 비가 많이
오면
폭포를 초월하지 못해
또다시 많은 희생이 비말로 떨어져 내린다
그러나 푸른 전진은 멈추지 않는다
기어이 모천에 돌아와

일생일대의 사랑으로 새 생명을 꽃 피우고
영웅처럼 거룩한 죽음을 맞이한다
그 죽음은 곰과 새를 먹여 살리고 숲을 먹여 살린다
연어 새끼는 어미의 주검과 숲의 젖을 먹고 자라 운명의 바다로 가고
다시 운명의 강으로 돌아와 죽음을 통해 새로운 생명의 배를 갈아 탄다
바다는 숲을 먹여 살리고 숲은 바다를 먹여 살린다

만물은 서로 의존하며 순환한다
죽음은 삶의 뒷모습일 뿐, 생명은 죽음으로부터 온다
우리는 이것을 너무나 잘 알지만 그걸 두려워하고 슬퍼한다

생명은 이어달리기 경주
우리는 모두 이어받은 바톤을 다음 주자에게 반드시 넘겨주어야 한다
절대 놓쳐서는 안 된다
연어처럼 살고 연어처럼 죽어
나의 뼈와 살점 하나까지
남김없이
우리의 아들딸들에게 먹여야 한다
생명은 이어져 있으며 영원히 불멸한다

어둠과 빛이 영원하듯이
아! 숭고하고 위대한 사랑이여, 생명이여

우리는 무엇이 되고 싶다

겨울은 봄이 되고 싶고 봄은 겨울이 되고 싶다
땅은 하늘이 되고 싶고 하늘은 땅이 되고 싶다
꽃은 나비가 되고 싶고 나비는 꽃이 되고 싶다
쥐는 고양이가 되고 싶고 고양이는 쥐가 되고 싶다
바위는 강물이 되고 싶고 강물은 바위가 되고 싶다

남자는 여자가 되고 싶고 여자는 남자가 되고 싶다
아이는 어른이 되고 싶고 어른은 아이가 되고 싶다
거지는 부자가 되고 싶고 부자는 거지가 되고 싶다
학생은 선생이 되고 싶고 선생은 학생이 되고 싶다
도둑은 경찰이 되고 싶고 경찰은 도둑이 되고 싶다

우리는 언제나 무엇이 되고 싶다
나 아닌 너가 되고 싶다

5부

산 위로 배가 간다

산 위로 하이얀 배가 간다
아주 천천히
낮달이 가듯 서쪽으로 간다
높은 산이 걸리면 산을 넘고
바위가 막으면 바위를 깨고
먹구름이 막으면 구름을 뚫고 간다
바람 같은 나라로 간다
나를 태우고
영원히 돌아오고 싶지 않는 나라
구름에 달 가듯이
서쪽으로 서쪽으로 간다
한 번 피면 영원히 죽지 않는 꽃의 나라로
배는 간다
바람처럼 물처럼
서쪽으로 서쪽으로
영원의 어머니 계시는 나라로
산 위로 배가 간다
산 아래로 배가 간다

당신은 그 밖에 있습니다

나의 나침반은 언제나 당신만을 향하고 있어요

처음 당신을 만났을 때 당신은 작은 나무였는데
그 다음 만났을 땐 꽃이다가
또 그 다음 만났을 땐 무지개가 되었고
이제는 별이 되었어요

지금 당신은 멀리 있지만 당신은 항상 제 곁에 있어요

처음에 나는 당신의 눈을 보았지요
그 다음 얼굴을 보았고
그 다음엔 얼굴과 가슴을 보았고
또 그 다음엔 당신의 전신을 보았지요
그러나 지금 나는 당신과 당신의 주변도 함께 보고
당신의 마음이 향하는 곳도 봅니다. 그리고

자꾸 포개지는 나의 생각은 점점 자라나
이제는 캄캄한 우주의 안팎까지 함께 볼 것 같습니다
그래도 나는 아직 당신의 전부를 모릅니다

당신은
그 밖에 있습니다

만상이 부처가 되는 주산지周山池

왕버들이 제 몸을 비추고
둘러싼 소나무와 참나무들이 얼굴을 비춘다
바위들도 고개를 내밀어 얼굴을 비추고
산들이 온몸을 비춘다

날아가는 새들의 발톱이 보이고
잠자리 날개의 붉은 그물이 보인다

지나가던 흰구름이 행여 검은 점이 보일까 겁이나
저쪽으로 비껴가고
백로가 검은 속이 비칠까 재빨리 날아간다
사람들도 검은 속이 비칠까 못둑을 빨리 걸어간다

밤이면 달님과 별님이 몸을 씻고
새벽이면 고라니와 토끼가 세수하고 가는 곳

고요의 속살을 비추는 거울

아, 하늘나라의 비밀을 남김없이 보여주는 주산지
여기 와 제 몸을 비추면
똥막대기도 부처가 된다

동심원同心圓

완벽한 불균형이 완벽한 조화다.

동시에 천의 부드러운 손들이 포개지면서 발이 되어
원을 그리다가 호수가 된다.
잉걸불에서 샘물이 퐁퐁 솟는다.
바다 밑 외양간에서 검은 수소가 흰 암소와 한 몸이 된다.
불에 녹은 오색의 칠보 속에서 매미가 날개를 털자
음악이 폭포로 쏟아져 내린다.
뿔 속 거미집에서 물고기가 차를 다린다.
나무마다 쇠꽃이 피고 바다에 산이 솟고 산정에 바다가 출렁인다.

불경과 성경과 코란이 불타고 하늘과 땅과 사람이 녹아 한 개의 구슬이 된다.
풍경 속에 부처가 날아다니고 소리 속에 봄이 담긴다.
평균대 위에서 100명의 남자와 여자가 균형을 잡고 선다.

산사 3

바위가 연신 물을 낳고
물은 그 노래로
대숲을 춤추게 하고
그 위를 나르는
뭇새들의 영롱한 울음이
점점이 떨어져
절집이 꽃으로 피는데
마당엔
겨울 햇살이 무성하고
닫힌 문 저 안쪽에서
부처님의 숨소리가 들리는데
얼어붙은
나의 하얀 기호들은
나무꽃이 만발한 문밖에서
목이 마르다

오, 위대한 죽음이여!

이기利己든 이타利他든 다 님의 뜻입니다
곰이 연어를 잡아먹는 것도
가문비나무 애벌레가 딱새에게 잡아먹히는 것도
연어의 시체를 먹고 교미하는 수파리를 끌어내리려는 또 다른 수파리의 못된 행위도 다 님의 뜻
그 부패한 연어의 살을 먹고 피는 버섯도, 꽃을 피우는 들꽃도 다 님의 뜻입니다.
오, 위대한 부패여! 우리를 곰이 되게 하고 연어가 되게 하고 파리가 되게 하고 들꽃이 되게 하고 가문비나무가 되게 하고 그 잎을 먹는 애벌레가 되게 하고 그 애벌레를 잡아먹는 딱새가 되게 하는 부패여! 오, 위대한 죽음이여! 너는 삶의 아름다운 뿌리로다. 우리는 경계 없는 삶의 변화의 한 과정을 잘라 놓고 겁을 집어 먹는 어린아이입니다. 그것이 이어져 있으며 돌고 돈다는 걸 모릅니다. 점點이 모이면 선線이 되고 선線이 모이면 면面이 되며 면面이 모이면 형形이되고 형型이 흩어지면 면面이 되고 면面이 흩어지면 선線이 되고 선線이 떨어지면 다시 점點이 되어 돌아갑니다.
우리는 모두 무시무종의 윤회하는 삶의 고리를 이어주는 하나의 짧은 시간의 가는 선線과 작은 공간을 채워주는 하나의 점點에 지나지 않습니다. 우리는 모릅니다. 우리가 왜 매듭이 없는 하나의 선과 경계가 없는 하나의 점으로 살아야 하는지를.

우리는 경계 없는 강을 건너가고 있는 한 잎, 불멸의 조각배입니다.

다르마

푸른 하늘 아래
황금빛 십자가가 눈부십니다
그 아래로 한 수도사가
성호를 긋고 지나갑니다

새 한 마리가 그 십자가 위에 냉큼 올라가
무엄하게도
똥을 쌉니다

하늘은 여전히 푸릅니다

그 새는 부처입니다

다시 해우소

큰 절 어느 스님이
세상에 없던 똥을 누었는데
그 소리 듣고 눈 밝은 연꽃들 다 모였으나
너무 커서 볼 수가 없었데

큰 절 어느 스님이
세상에 없던 똥을 누었는데
그 냄새 나자 전국의 들꽃들이 다 모였으나
너무 향기로워 맡을 수가 없었데

큰 절 어느 스님이
세상에 없던 똥을 누었는데
그 냄새 맡고 온 세상 똥파리들이 다 모여
그 똥 너무 맛있어 다 먹어 버렸데

시간의 수레바퀴

시간의 바퀴 위에 음표와 꽃을 올려놓으며 살리라
황야에 무지개 뜨고 흙과 모래가 황금이 되게 하리라
높은 모자를 쓰고 턱수염을 길게 기르리라

꿈꾸던 수레바퀴 몇 바퀴나 돌아갔나?
아직도 꽃은 시들지 않고, 음표는 뛰고 있나?
아, 이제 몇 바퀴를 더 돌면 끝이 나지?

영원의 바다에 돛단배를 띄우고 우리는 언제나 고독한 항해를 하지
때로는 새가 되어 하늘에 오르기도 하지만
물속에서 외눈박이 이무기가 되어 엎드려 울기도 하지
수렁에 빠진 노루 새끼, 낚시에 걸린 물고기가 되기도 하지

지금은 격랑의 시간
우리는 처음부터 위험한 바다에 던져졌고
우리 앞에는 무서운 암초가 항상 곳곳에 버티고 있다는 건 알지만
언제 어디서 그걸 만날지는 알 수가 없네
문제는 하나님도 우리를 도와주지 않는다는 거라네

부조리한 세상

그러나 어이하랴
내던져 진 삶
소리에 놀라지 않는 사자와 같이
그물에 걸리지 않는 바람과 같이
진흙에 더럽히지 않는 연꽃과 같이
무소의 뿔처럼 혼자서 가야 하리*

시간의 수레바퀴가 영원히 돈다는 걸 믿으며

* 법구경.

허망을 메고 산으로 가다

햇빛이 폭포로 쏟아지는
일광천에 가 돌 두 개를 주웠다

한 개에는
꽃과 사람의 냄새가 났고
다른 한 개에는
수억 겁의 지구의 역사가
소용돌이치고 있었다
그 한쪽에 희미한 이미지의
한 사나이가 서 있었다

허망을 메고 산사로 돌아갔다
허망한 줄 뻔히 알면서도
허망이라도 잡지 아니하면 너무도
허망할 것 같아
허망을 짊어지고 끙끙거리며 갔다

들꽃들이
잔잔한 미소를 보내주었고
노을이
어깨를 가볍게 토닥여 주었다

>

별이 스러지는 새벽까지
사나이는
법당에 엎드려 있었다

6부

발톱, 부리, 이빨, 뿔

— 지구대비행을 보고

살아야 한다
물을 찾아서, 풀을 찾아서,
고행의 대장정, 올라야 한다
그것이 곧 죽음의 길이라도
수만리를
날고, 헤엄치고, 달리고,
걸어야 한다
악어 떼의 아가리를 걷어차고
쉴 곳도 숨을 곳도 없는,
살을 태우는,
숨 막히는, 사막을 미끄러지고
머리를 때리는 바위와
발이 닿지 않는 무너지는 언덕을 기어올라야 한다

악어에게 뒷다리가 물리더라도
사자에게 목덜미가 물리더라도
갈매기에게 정수리를 쪼이더라도
백상아리의 한 입에 들어가더라도
폭포를 거슬러 죽을 힘을 다해 뛰어 오른 곳이 북극곰의 아가리일지라도
독수리의 발톱에 할퀴고, 부리에 심장이 쪼이더라도
물개에게 먹히고 개코원숭이에게 뒷다리가 잡히더라도

그 먼곳으로 우리 모두 가야 하고
너 또한 발톱과 부리와 이빨과 뿔을 벼려야 한다

하늘에서 땅과 바다를 굽어보는 가넷*이여
살기 위해
저 맛있는 싱싱한 물고기들이 우글거리는,
또 다른 포식자가 아가리를 벌리고 너를 기다리는 물속으로
자살하듯이 수직으로 몸을 날려 폭격을 하는 가넷이여
왜 네가 사냥하는 곳에 너를 사냥할 자가 기다리고 있다는
걸 모르느냐?
죽음이 삶의 바로 옆에 있다는 걸 모르느냐?
삶의 구비마다가 죽음이라는 걸 모르느냐?
홍학이여,
수시로 고개를 들어 주변을 살펴라
무리에서 떨어지지 말지어다
순하디 순한 누여, 얼룩말이여
뒤처지지 말아라
언제나 너를 노리는 놈이 너의 뒤에 있다는 걸 명심하여라

살기 위해서는, 죽을 힘을 다해
도망가야 한다.
숨어야 한다.

속여야 한다.
언제 어디서나 나를 노리는 놈이 있다는 걸 알아야 한다
힘이 세고 빨라야 한다
이탈하거나 낙오하면 죽는다

알을 낳기 위해서
새끼를 낳기 위해서
먹어야 한다
먹기 위해서는 죽음을 무릅쓰고
훔쳐야 한다.
빼앗아야 한다.
남이 남겨 놓은 찌꺼기를 먹기 위해 비굴함을 삼켜야 한다.
짝을 찾기 위해서 피 흘려 싸워 이겨야 한다
승자독식 - 인정사정 볼 것 없다

지구상에는 언제 어디서나
살생의 피비린내가 진동한다
그러나 그것은 신의 뜻
사랑하고 또 다른 나를 낳기 위해
우리도 사냥하고
사냥 당한다

* 갈매기 종류.

은둔자를 쫓아내다

남천 잎에 백랍이 침범하였다
칫솔로 닦아내고, 받침대를 씻고
뒤집어 물을 퍼부었다
놀란 거미가 줄행랑을 쳤다
나는 본능적으로 그 놈을 추격하였다
놈은 이 구석 저 구석으로 숨으며 도망갔다
나는 계속 추격하며 물폭탄을 퍼부었다
해일,
어디로 갔을까?
죽었을까? 죽지는 않았겠지?
추격전이 끝나자 그때서야 나는 후회했다
음습한 그곳에 숨어서 그 놈은 무엇을 하고 있었을까?
무엇을 생각했을까?
무엇을 노리고 있었을까?
혹시 누구를 기다리며 가슴앓이를 하고 있지는 않았을까?
혹시 귀여운 사랑을 배지 않았을까?
하필이면 왜 거기다 복거卜居를 정했을까?
아! 내가
디오게네스를 쫓아내었구나
그의 평화를 파괴했구나
내가 불러놓고 내가 쫓아내는구나
우주 질서의 꼬리를 밟았구나

나는 허둥지둥 정신이 없었다
추운 오늘 밤, 그는 어떻게 지새울까?
어느 음습한 구석에서 온몸을 떨며
집을 잃은 백랍벌레는 또 어디로 가 무슨 꿈을 꾸고 있을까?

나의 눈에 핏발이 가득 섰다

아야아야, 아야아야

그들의 기호는 나의 슬픈 언어였다

공원의 붉은 아스콘 트랙에 지렁이들이 말라 죽어 있었다.

아, 가련한 철학이여!

왜 그들은 촉촉하고 서늘하고 부드럽고 향기로운 집을 뛰쳐나와
메마르고 덥고 딱딱하고 역겨운 이 트랙에 나와 죽었을까?

타살? 자살? 학살인가? 집단자살인가?

그들이 주검으로 표현한 이 기표記標들의 기의記意는 무엇인가?
그들의 기호체계는 어떤 것인가?
그들은 죽음으로 무엇을 진술하였는가?

아프리카 붉은 황토바닥에 엎드려 죽은 굶주린 아이들?
종교와 핏줄과 언어가 학살한 세르비아와 보스니아와 코스보인?
이데올르기가 총살한, 시퍼렇게 눈 뜨고 낙동강에서 죽어간 나의 아버지?
부정부패에 항의하다가 길바닥에서 죽어간 젊은이들?

>

도대체 땅 속에 무슨 일이 있었는가?

오뉴월 땡볕 같은 나의 의문은 그 기표들의 숫자보다 훨씬 더 무성했다.

아아, 그들의 기호는 나의 슬픈 언어였다.

제발 하나만 남겨 다오

고추를 따고 나니
며칠 후 또 고추가 열렸다.
또 따 주었더니 이번엔 더 많은 고추가 열렸다
따면 열리고 따면 열리고
고추는 새로운 세상을 자꾸 열었다
고추는 어느 날 나에게 말했다
제발 한 개만 남겨 다오
나의 이 뜨거운 세상이 끝나지 않게
제발 하나만 남겨 다오
고추가 펑펑 울었다

아프리카 1

가난한 나라,
가난한 집에 태어난 아이가 무슨 죄가 있으랴?
하기야 어른인들 무슨 죄가 있으랴?
나무나 풀처럼 살았을 뿐
태양이 죄로구나
눈가에 말라붙은 눈물마저 뺏어가는 파리들
파도 파도 샘물은 나오지 않고
아무리 벽을 긁어내도 시원한 바람이 불지 않고
땅을 뒤져도 풀뿌리 하나 나오지 않는구나
그러나 보라,
죽어가면서도 젖을 물리는 저 여인을
갈비뼈 아래의 저 볼록한 배를
아야 아야,
사람의 손들은 다 어디 갔느냐?
모두들 고개를 돌리고 귀를 막는구나
폭염이 서리처럼 내리는 붉은 땅에
피가 마르고 있다

세계는 지금 검은 계절
바람이 타고 있다

목숨

그 어떤 권력도
그 어떤 이념도
그 어떤 신神도
함부로 한 사람의 목숨을 빼앗을 수 없다

오뉴월의 무자비한 햇빛 아래
모래밭에 스스로의 손으로 무덤을 파고
그 앞에 눈을 가린 채
총구멍 앞에 서 있는
사나이의 찢어지는 하늘을
우리가 어떻게 볼 수 있으랴?

사랑하는 처자식을 두고
아비와 어미를 두고
내가 쫓던 길을 포기하고
평안과 행복과 원망까지 던져두고
가야하는 사나이의 흐린 바다를 어찌 열어볼 수 있으랴?

강물이 놀라 뛰어오르고
개들이 미쳐 정적을 물어뜯는 어두운 대낮
한 사나이가
환상의 역사를

토해 내고
있다

불 좀 꺼라 인간들아!

베란다 발코니에 심은 창쪽 가지나무에는 가지가 달리지 않았다 나무는 이렇게 큰데 왜 가지가 안 달리지 하니 아내가 당신이 맨날 밤늦게까지 불을 키고 있으니 가지가 잠을 못자서 그런 거 아이가 당신이 좀 일찍 자 보소 했다 으응? 그걸 당신이 어떻게 알아? 잠을 자야 꿈을 꾸고 꿈을 꿔야 님을 보고 님을 봐야 … 혹시 해서 커텐을 쳤다 며칠 후 정말 새끼발가락만한 귀여운 가지가 맺혔다

아야아야아야

바다의 등을 두드려 주자

바다가 구역질을 하고 있다
벌건 눈알을 굴리며
쓰레기를 토해내고 있다
그러면서
바다는
미친 듯 날뛰며 욕을 퍼부었다

이 더러운 인간들아
왜 쓰레기를 남의 입에 처넣느냐?
육실할 놈들! 너희들은 쓰레기를 먹고 사냐?
퉤! 퉤!
너희가 버린 쓰레기 너희들이나 처먹어라
더러운 쓰레기 같은 인간들아

바다는 수만 개의 혀를 날름거리며
잡아먹을 듯 소리 질렀다
끝내는 눈물을 뿌리며 몸부림쳤다

누가 이 바다를 이렇게 화나게 했나
때로는 인간들에게 등말을 태워주고
푸른 등 뒤에 숨겨 두었던 꿈도 주고
때로는 노래도 불러 주는

고마운 바다를
누가 저렇게 미치게 하였나?

사람들아, 우리 이제
체한 바다의 등을 두드려 주지 않으련?

내가 아파 주자

오른 쪽 어깨가 아파서 병원에 가 치료를 받으니 안 아프던 왼쪽 어깨가 아팠다. 사실은 왼쪽 어깨도 아팠지만 오른쪽이 더 아프니까 왼쪽 어깨의 아픔을 느끼지 못했던 것이다. 몸은 우리를 속인다. 운동화 끈을 오른쪽을 더 졸라매면 왼쪽 발이 헐렁해지고 왼쪽 발을 더 졸라매면 오른쪽 발이 헐렁해진다. 배가 더 아프면 머리가 안 아프고, 머리가 더 아프면 배가 안 아프다. 뿌리가 더 아프니 꽃이 아픈 줄 모른다. 내가 등 시리고, 배고프다고 생각하니 다른 삶들이 배고프고 등 시린 줄을 모른다. 내가 안 아프면 다른 사람이 아프고, 다른 사람이 아프면 내가 편안하고 유쾌하다. 세상 사람들이 모두 나보다 아프고, 배고프고, 슬프다면 나는 그만큼 행복하다. 내가 행복한 것은 다른 사람들이 나 대신 아파 주기 때문이다. 지금도 다른 사람들이 아프기 때문에 내가 행복한 것이다. 산이 아프니 나무가 행복하다. 그러나 이제 내가 울고 내가 아파 주자. 그들이 행복하게. 내가 울고 그들이 웃게 하자. 많이 울고 많이많이 아파 주자. 세상도 이쪽이 아프면 저쪽이 편하고, 저쪽이 아프면 이쪽이 편하다. 이 나라가 아프면 저 나라가 편하고, 저 나라가 아프면 이 나라가 편하다. 그러니
내가 아프자.
예로부터 하늘이 아파할 때 지상의 풀들이 편했다. 하늘이 슬퍼 울 때 땅이 웃었다.

7부

새는 사람이 되고 싶다

새는
땅에서 태어나지만 하늘에서 살고
사람은
하늘에서 왔지만 땅에서 산다
새는
땅의 슬픔을 먹지만 하늘의 기쁨을 노래하고
사람은
하늘의 기쁨을 노래하지만 땅의 슬픔을 먹고 산다

새는
그냥 먹고 싶을 때 먹고, 자고 싶을 때 자며
사랑하고 싶을 때 사랑하지만
사람은
먹기 싫어도 먹고, 자고 싶을 때 못 자며
사랑하고 싶지 않아도 사랑하며 산다

사람은 언제나 새가 되고 싶지만
새는 사람이 되고 싶다

벚나무 아래서

그대 여기 꽃그늘 아래로 오시오
내 그대 위해 꽃이 되리니
꺾어 머리에 꽂고 춤이라도 추시오

비구니도 바람이 나 절간을 뛰쳐나오고
강도가 눈물을 흘리는 계절
이 눈부신 하이얀 꽃나무 아래로 오시오
새들의 영롱한 사랑의 노래도 듣고
사람들의 저 천국에 온 듯 즐거워하는
웃음소리도 들어 보시오

그대 여기 꽃나무 아래로 오시오
와서
버리고 또 버리는
벚나무의 꿀 같은 화사한 무상설법을 들어보시오
개나리도 노랗게 해탈을 하는데
해탈을 어찌 어렵다 하십니까?

바위도 바람이 나고
무자치가 눈이 아픈,

나무들의 언어

나무들은 몸으로 말한다
그들의 언어는 그들의 피부에 나타나 있다
그것은 길고 짧은 선과 점으로 만들어진 매우 해독하기 어려운 기호로 되어 있었다
나는 알고 싶었다. 그들이 무슨 말을 하는지
나는 그 기호들을 하나하나 분석하며 자세히 보았다
그러나 알 수 없었다
나는 장님이 점자를 읽듯이 그 기호들을 더듬어 보았다
그래도 알 수 없었다
귀를 대어 보고 냄새를 맡아보았다
그래도 알 수 없었다
입술을 대어 보았다
그래도 알 수 없어 나는 나무를 두 팔로 껴안고 포옹을 해 보았다
그래도 알 수 없어 나는 이 나무와 저 나무의 기호들을 일정한 단위로 묶어 비교하며 연구하였다. 그제서야
그들의 언어체계를 조금은 알 듯했다. 그러나
애가 탄 나는 어느 날 끝내 나를 버리고 나무속으로 들어갔다
그랬더니 그들의 언어가 해독되었고 그들의 음성까지 들을 수 있었다
그들의 언어는 너무나 아름답고 심오했다

안으로 더 깊숙히 들어가자
그들의 슬픔과 기쁨, 사랑과 미움도 알 수 있었고
더 깊이 들어간 곳엔 그들의 일생이 시내처럼 굽이쳐 흘렀다
돌아 나오는 나의 뒤를 그들의 전생이 저벅저벅 따라오고 있었다

나무 설화說話 1

— 프롤로그

나무는 그들의 삶을 그들 나름의 언어로 저장한다.
그것은 그들의 껍질에 있다.
자세히 보면 그것은 무수한 점과 선의 조합으로 이루어져 있고
매우 정교하며 규칙적이다.
그리고 그것들은 소단위 중단위 대단위로 묶여지면서 하나의 이야기를 만들고 있다. 그리고 하나의 완결된 이야기는 파일형식으로 묶어져 낟가리처럼 차곡차곡 쌓여 있다.
그것은 이해하기 어려운 원시의 벽화 같다.
그러나 그것은 그 어떤 추상화보다 아름답다.
거기에는 그들의 아픔과 방황이 있고 눈물과 상처가 있다.
한숨과 가슴 아픈 사연들이 깨알처럼 촘촘히 박혀 있다.
거기에는 젊은 날의 고독과 방황과 저항,
어린 시절의 꿈이 기록되어 있다.
그런데 이 나무의 이야기는 사람들은 읽을 수가 없다.
그러나 나무를 진정으로 사랑한다면 누구나 그 문법을 알고 그것을 해독할 수 있다.
이제 나는 나무 설화의 나라로 여행을 시작할 것이다.
그 하나하나의 파일을 열어 텍스트를 살펴 볼 것이다.
시퀀스를 열고 하나하나의 모티프들을 만나고 귀여운 기호들을 만나 입술을 맞출 것이다.

나무 설화 2
— 자작나무

자작나무 껍질을 벗기면 까만 암호들이
깨알처럼 박혀 있다
그 중 하나를 클릭하면
러시아의 우화寓話들이 설화雪花처럼 쏟아진다

또 다른 껍질을 벗기고 암호를 더블클릭하면
푸른 구름 이미지들이 나타나고
그것들을 다시 클릭하면
2000년 전 신라의 천마가 승천한다

또 다른 껍질을 벗기면
또 다른 암호 체계가 나타나고
그것을 클릭하면
샤갈의 마을에 눈이 내리고
얼굴이 초록색인 한 사나이가 지붕위에서 바이올린을 켜고
엉덩이와 가슴이 아름다운 곡마단의 소녀는 그네에 거꾸로
매달려 초록 말을 보고
푸른 머리의 소가 파라솔을 쓰고 뜨거운 태양 밑을 지나간다

또 다른 껍질을 벗기면
새로운 대화상자에 새로운 암호들이 나타나고
그 하나를 클릭하면

눈 덮인 통나무 집 문 앞에서
나타샤가 수염이 얼어붙은 그 사나이를 기다리고 있다
얼음 녹는 소리가 음악보다 아름답다

또 다른 암호를 누르면
톨스토이의 수염이 흔들리고
안나가 전쟁터로 가는 애인을 전송한다
대설원에 피비린내가 향긋하다

또 다른 껍질을 벗기고 클릭하면
시를 낭송하는 푸시킨의 목소리와
고골리의 기침소리가 들리고
수용소의 신음소리가 들린다

또 다른 껍질을 벗기면
차이코프스키의 백조의 호수가 들리고
백조보다 더 아름다운 수많은 발레리나들이 경쾌한 춤을 춘다

또 다른 암호를 누르면
조수미가 부르는 멘델스존의 '노래의 날개 위에'가 들리고
쌍둥이 인형들이 밖으로 나와서 춤을 춘다
단풍잎은 한 장보다 여러 장이 겹쳐질수록 더욱 아름답다

>

또 다른 자작나무 껍질을 벗기면
필란드의 목각인형들이 항구에서 추위에 떨고 있고
러시아로 가는 기차 속에서 우리는 군인들에게 검문 당한다
지금 크렘린은 한밤중이다

자작나무의 또 다른 껍질을 벗기면
러시아 정교회 황금 성당을 울리는 신비스러운 코러스가 들리고
상트페테르부르크의 강가에서 신부가 유리잔을 깨뜨리고
보드카를 마신 도스토예프스키의 눈이 빛난다
흉터는 나아도 오랫동안 그 아래 흔적이 남는다

자작나무의 몸은 온통 암호 투성이다
그 암호들은 이 세상에서 가장 아름답다
암호를 푸는 데는 수학보다 음악이 더 효과적이다

너는 지금 어디 있느냐?
스스 딴딴
동박박사는 지금 곧 베들레헴으로 가는 고속열차를 타야 한다

나무 설화 3

— 느티나무 1

느티나무 껍질을 클릭하면
자식들의 복을 비는 손비비는 소리가 들린다.
가끔
풍물 치는 소리도 들린다.

다시 느티나무 껍질을 클릭하면
가슴을 두드리는 법고 소리와
적막을 삼키는 풍경 소리가 들리고
대웅전 찬 바닥에 엎드린 비구니의 울음소리가 들린다.

또다시 느티나무 껍질을 클릭하면
아직도 고향의 엄마가 그리워 우는
청년의 울음소리가 들린다.

느티나무 줄기엔
외롭고 쓸쓸한 눈물이 줄줄이 박혀 있고
밑둥치를 클릭하면
사랑의 아픈 상처와 삶의 슬픈 기억이 칭칭 감겨 있다.

가지 끝을 더불 클릭하면
살벌한 이 도시를 떠나 어머니의 품 같은
고향으로 보내달라는 느티의 촘촘한 애소가 보인다.

나무 설화 5
— 포구나무(팽나무)

나의 고향에는 큰 포구나무가 한 그루 있다
키는 어른 열 명의 키가 됨직하고 나이도 그만큼 되었을 것이다
가지는 동네를 덮었고
잎에는 별들이 달렸다
그 몸통에는 울퉁불퉁하고 꺼칠꺼칠한 이야기가 주렁주렁 달려있다

그 껍질을 클릭하면
아이들의 고함소리와 웃음소리가 들린다
아이들이 대나무 딱총을 만들어 나무의 풋 열매를 총알 삼아 전쟁놀이를 한다
따닥, 따닥, 퓌융~, 퓌융~
아이들은 대나무딱총을 쏘는 게 아니라 웃음을 쏜다

어느 해 여름
동쪽 산 위로 비행기가 날아가고
산 너머에서 폭음이 들렸다
아이들은 이제 더 이상 전쟁놀이를 하지 않았다

수평으로 뻗어간 긴 가지를 클릭하면
처녀들의 웃음소리와 박수 소리가 들린다

긴 머리 다홍치마에 갑사댕기 늘어뜨린 누나들이 쌍그네를 타고 있고
멀리서 총각들이 지켜보고 있다
풍물 치는 소리도 들린다

그해 가을 동네에서 제일 예쁜 금순이가 아들을 낳았는데
달포쯤 지나 고개 너머 저수지 가에서 고무신 한 켤레가 발견되고
며칠 후 시신이 떠올랐다.
이듬해 단옷날 짚둥우리만한 구렁이 한 마리가 죽어 그넷줄 가지에 걸쳐 있었다
그 소문이 마을을 덮은 어느 날 저녁 멀쩡하던 앉은뱅이 귀옥이가 갑자기 죽었다

아, 나는 모른다. 그 포구나무가 지금은 얼마나 많은 슬픈 보석 같은 이야기들을 창고에 쌓아두고 해마다 꽃과 잎으로 피우고 있는지를

나무 설화 7
— 오동나무

그 소년은 순하고 착했어요.
그의 눈은 봉 같고 그의 목은 길었으며 어깨는 튼튼하였답니다.
그는 나이에 비해 키가 컸지요.
그에게는 소꼽친구가 있었는데 그녀는 코스모스 같이 가냘프고 예뻤답니다.
둘이는 집이 가까워 늘 같이 놀았고 학교도 같이 오갔지요.
동네에는 오동나무가 많아 그 잎이나 열매를 가지고 놀 때가 많았어요.
초등학교를 마치고 소년은 도회지로 이사를 갔고 소녀는 시골에서 가사를 도우며 살았어요.
일년 후 소녀는 전염병으로 갑자기 세상을 떴고 그의 무덤가에 오동나무 한 그루가 나서 죽순처럼 쑥쑥 자랐데요.
지금까지 이 마을에서 이보다 큰 오동나무는 없었답니다.
오동나무는 풍성한 꽃을 피웠고 가을이면 많은 열매를 맺었지요.
그런데 열매가 바람에 흔들릴 때마다 이상하게도 아름다운 음악이 흘러나왔데요.
그러자 이웃 동네까지 소문이 나서 많은 사람들이 구경을 왔고 곧 봉황이 날아올 것이며 마을에 경사가 날 것이라고 야단이었데요.

그러나 봉황새는 날아오지 않았답니다.

겨울이 오고 다시 봄이 오기를 몇 번이나 반복해도 봉황새는 날아오지 않았답니다.

그러던 어느 해 오동나무는 먼 도시로 팔려나갔고 어느 소목장의 손에 의해 농이 되었는데 그때 봉황 한 쌍을 농문에 새겼더랍니다.

그 소목장은 소녀의 어릴 때 친구였던 그 소년이었데요.

그런데 어쩐 일인지 농문을 여닫을 때는 거문고 소리와 애절한 퉁소 소리가 들렸더랍니다.

나무 설화 8
— 느티나무 3

나무의 뱃속에 커다란 고래들이 여행하고 있다.
작은 산들을 머리와 등과 꼬리에 짊어지고
검은 바닷물을 마시며
새 한 마리가 하얀 배를 타고 그 위를 소리 없이 지나간다.
산과 강, 마을과 마을이 신경망처럼 얽혀 있고, 사과 속에 뱀들이 기어가고 있다.
비탈에 선 감나무들이 연등을 켜면 구름 속에서 달이 나온다.

숲 속엔 커다란 푸른 눈들이 꽃처럼 피어 있다.
그 눈동자 속에 붉고 푸른 이야기들이 물고기처럼 몰려 있다. 밤이 되자
나무들이 화톳불을 밝히고 두레박으로 이야기를 퍼 올려
12현금에 얹어 노래를 하였다.
나무들은 저마다 열 개의 입으로 노래했다.
달을 품은 호수가 노랠 하자 별들이 하나씩 둘씩 내려와 귀를 세웠다.
건반에서 물고기들이 튀어 올랐다.

달그림자가 지자
나무들이
가슴을 움켜쥐고 달려간다.
혀 밑에서 니트로글리세린 하정이 녹고 있다.
저쪽에서 한 소녀가 등불을 들고 걸어온다.

나무 설화 12
— 감나무

감나무 껍질을 클릭하면
누에고치에서 명주실 뽑는 어머니의 숨소리가 들린다
석 잠을 자고 난 누에들이 뽕잎을 갉아먹는 서걱거리는 소리
가 들린다

감나무 작은 가지를 클릭하면
어머니의 베짜는 소리가 들린다;
북을 번갈아 좌우로 넣고 빼며 힘차게 당겨 치는 바디 소리
가 들린다

감나무 줄기를 클릭하면
나를 끌어안고 누워 뜨거운 눈물을 흘리며 중얼거리는 어머
니의
넋두리가 들린다

감나무 둥치를 클릭하면
깊은 밤
피란을 가야 할 것 같다는 부모님들의 낮은 목소리가 들린다

감나무 뿌리를 클릭하면
형님의 한숨소리가 들리고
먼 먼 할아버지의 기침소리도 들린다

벚나무 옴니버스*

1. 울음

그녀는 늙고 병들었다
그녀는 지금 괴롭고 슬프다
그래도 그녀는 지금 꽃을 피우고 있다
그녀는 이 세상의 모든 사람에게 꽃을 선물하려고
이 세상 사람 수만큼 많은 꽃을 낳았다
그리고 울었다

2. 말

늙고 병들었다고 할 말이 없겠느냐?
수십 년을 오만 말을 다해 왔지만 그래도 아직 할 말이 있다
나의 눈을 보아라. 나의 손과 발을 보아라
나의 옆구리와 엉덩이도 보아
거기 어떤 단어들이 붙어 있냐?
바람에 날려가는 저 자음과 모음들을 보아
음소 하나만 보아도 내가 무엇을 말하려는지 알겠지?
그러나 확실히 알고 싶으면,
그것들이 모인 덩어리가 무엇을 말하는지 생각해 보아라
아니, 아니 나의 몸 전체를 보아라
아니, 아니 나를 둘러싼 나무들과 산과 하늘의 날씨까지 함

께 보아
그러면 문득 눈부신 해가 떠오를 거야

3. 말 없음

그는 나에게 이렇게 말하며 웃고 있었다.

나는 지금까지 만고풍상을 꽃으로 피워 왔다
너희들도 나처럼 검은 하늘에 꽃을 피워라
슬픔과 기쁨, 번뇌와 해탈, 고독과 그리움이 반짝이는 꽃을
피워라
하늘이 부르고 지하의 귀신이 응하는 노래를 불러라

사람들아 네 무엇을 그리 찾느뇨?
언어가 끊어진 곳에 꽃이 피느니
에헤야 데헤야 지화자 좋구나
내 죽기 전 이 말 꼭 하고 싶었다

너희는 장님이 되고 귀머거리가 되어라
그러지 아니하면 나의 이 꽃을 볼 수 없느니라
아무리 쪼개고 뭉쳐보아도 그림자뿐이니라

>

4. 웃음

그는 계속 웃고 있었다
마치 실성한 듯

그의 육신은 이미 썩어 문드러져
죽음의 문턱에 이른 것 같았다.
그래도 그는 웃고 있었다
누구보다 아름다운 웃음을

부러진 허리로도 웃고
잘린 팔로도 웃었다.

* omnibus : 소설의 한 양식으로 사용되는 명칭. 원래의 뜻은 합승차.

강준철 시인의 시작노트와 시관

당신은 그 밖에 있습니다

시에 대한 나의 생각

당신은 그 밖에 있습니다

해설 대신 이 시집에서 내가 나타내고자 했던 것을 두루뭉실 제시함으로써 독자들의 읽기에 약간의 도움을 주고자 한다. 시는 설명이 필요 없는 문학이다. 시의 의미는 독자의 것이다. 구태여 이름을 붙이자면 '포괄적 시작 노트'라고나 할까?

모든 존재들이 서로 어떤 관계에 있는지가 궁금했다.
당신에 대한 나의 사랑은 언제나 짝사랑이었다.
사물들 속으로 들어가 보고 싶었다.
선을 넘고 싶었다. 모든 선들을 …

자연을 사랑했다.
자연의 말에 귀를 기우리려 했다. 그와 하나가 되고자 했다.

바지랑대로 별을 따려 했다.
현실보다 환상에 사로잡힐 때가 많았다.
환상도 인간의 매우 중요한 현실의 하나라고 생각했다.

시는 상상이며, 허구이며, 일종의 환상이라고 생각했다.

바락바락 기어올라 창문을 열고 싶은 담쟁이,
가슴 속에 끊임없이 타오르는 불,
우리의 심연 속에 도사리고 있는, 때로는 목숨을 거는
그것은 도대체 무엇인가?

잠긴 사원의 문을 열려고 밤중에 일어나 앉을 때가 있었다.
길 없는 길, 문 없는 문을 찾으려고 했다.
나를 버림으로써 나를 찾아가는
삶과 죽음의 경계는 있는가?

모순 속에서 다 함께 어울려 살아야 하는 생명 있는 것들에 대한 사랑과 연민, 그것은 작위적이 아니고 자연스럽게 일어나는 감정이었다.

짐승 아니 중생들이 발톱이나 부리나 이빨이나 뿔을 가지고 태어났다는 것은 무슨 의미인가?

나무속에 저장되어 있는 그들의 이야기를 듣고 싶었다.

시의 형식은 정해진 것이 없다, 시의 형식에 변화를 주고 싶었다.

역사는 뒤집기의 뒤집기 … 문예사조도 마찬가지다.

이야기가 있는 시, 시로 쓰는 이야기, 시로 쓰는 극, 패러디 등등. 다양한 실험이 필요하다고 생각한다.

머릿속에 자주 떠다닌 말들은 대충 다음과 같은 것이었다.

존재, 본질, 현상, 구조, 관계, 경계, 변화, 허구, 헛것, 뒤집기, 기호, 새로움, 불교, 성서, 생명, 생태, 상상, 환상, 이상, 본성 등이다.

시에 대한 나의 생각

시에 정답이 있는가?

나는 시에는 정답이 없다고 생각한다. 그것은 주제나 소재에 제한이 없을 뿐 아니라 형식에 제한이 없기 때문이다. 지금까지 시문학사에서 얼마나 많은 시형식이 창조되었고, 실험되었는지를 생각해 보면 알 것이다. 시에 정답이 없어야 시의 발전이 있다고 생각한다.

세상에는 여러 가지 사람이 있고, 또 있어야 한다. 예쁜 사람도 있고 못 생긴 사람도 있다. 마찬가지로 시에도 여러 가지 시가 있고, 또 있어야 한다. 못난 사람이 있어야 예쁜 사람이 있듯이 시도 못난 시가 있어야 좋은 시가 있기 때문이다. 그러므로 세상에 좋은 시만 있어야 하는 것은 아니다. 그런데 예쁘다, 못 생겼다하는 것은 상대적이다. 우열의 다양한 시가 백화제방百花齊放식으로 만발하는 게 좋다. 그것이 살고 못 살고는 독자들에게 달렸다.

시는 언어예술이다. 그러므로 철학이나 종교나 이념이나 정치 등 그 어떤 것의 수단이 되어서는 안 된다. 또한 예술이므로 의미보다 기교가 중시되어야 한다. 예술성은 재료에서 오는 것이 아니라 그 재료를 취급하는 작가의 기교에서 오기 때문이다.

시는 특수한 질서로 짜여진 언어 구조체다. 그것은 완전한 하나의 생명체다. 그러므로 시인은 조물주다. 따라서 이 세상에 아직 없는 새로운 생명체를 창조해야 한다. 이것이 시의 생명이다.

나는 시가 말하기의 한 형식이라고 생각한다. 문자언어라는 점에서 말하기와 약간의 차이가 있을 수 있지만 본질적으로 말하기의 한 형식이라 할 수 있다. 말하기에 여러 가지 형식이 있듯이 시에도 이런 여러 가지 형식이 있을 수 있다. 그러나 시는 대개 독백형식을 취한다. 시가 말하기의 한 형식이기 때문에 화자와 청자가 있고, 목소리와 시점, 시제 등이 시의 중요한 요소가 될 수 있다. 옛날에는 시가 '이야기하기'(의미)에 치중하였지만 주지시 이후 '보여주기'(이미지)를 중시하는 것 같다. 그러나 그것이 너무 지나쳐 무의미 시가 되기도 하였다. 감각만 있고 사상이 없든지, 사상만 있고 감각이 없는 시는 둘 다 좋은 시라고 보기 어렵다. 나는 시의 사상성, 회화성, 음악성이 조화된 시가 좋은 시라고 생각한다.

나는 시의 전달성을 중요시한다. 시작행위 또한 일종의 커뮤니케이션이기 때문이다. 시는 독자에게 감동을 주어야 하는데 전달이 안 되면 감동을 줄 수 없다. 시가 자신의 쾌락을 위해서 생산된다면 전달성은 고려할 필요가 없다. 시를 쓴다는 것은 일단 독자를 전제한다고 봐야 한다.

시는 '만드는 것'인가 '만들어지는 것'인가? 이에 대해 나는 전자의 견해에 동의한다. 그러나 시험 보듯 억지로 시를 쓰면 좋은 시가 만들어지지 않는다. 그러나 나의 경우 어떤 영감이 떠올라 감동된 상태에서 시를 쓸 때 좋은 시가 많이 생산됨을 경험하였다.

시는 상상력의 산물이다. 시의 기교 중 가장 중요한 것이 비유인데, 특히 은유에서 유사성이 거의 없는 두 개의 사물을 연결하는 힘이 상상력이다. 이것이 시적 긴장을 불러오고, 경이감을 일으켜 독자에게 쾌감을 준다는 것은 주지의 사실이다. 이때 두 사물의 동일성이 거리가 멀면 멀수록 시적 긴장감이 높고 쾌감도 그만큼 크다. 그래서 나는 상상력을 아주 중요하게 생각한다. 또한 사물의 본질(속살)을 드러낼 때도 상상력이 필요하다. 그것을 우리는 직관이라고 하지만 그것도 일종의 상상력이라고 볼 수 있다. 시인은 때로는 무의식의 깊고 넓은 바다로 여행을 하여야 한다. 나는 이런 무의식으로의 여행을 가끔 한다. 그런데 그 상상력으로 얻어진 것은 작가의 개인적 체험과 관련된 것으로 본원적으로 허구이다. 여기서 시가 허구인가 현실의 반영(재현)인가 하는 문제와 부딪힌다.

이 문제에 대해서 나는 시를 본질적으로 허구라고 생각한다. 그것은 시가 현실- 여기서 현실은 사실 개인의 주관적 체험이기 때문에 이미 현실 그 자체가 아니다 - 에서 재료를 취해

오지만 그 재료를 예술적으로 가공(재창조)해서 나타내기 때문이다. 때로는 시인은 현실에 없는 존재를 창조하기도 한다. 그럴 때 그것은 일종의 환상인 것이다. 이러한 허구화의 작업을 통해서 현실은 예술이 되는 것이다.

이에 대해 어떤 이는 시의 현실성(리얼리티)를 주장한다. 이에 대한 나의 답은 한마디로 "환상도 하나의 현실이다"이다.

나는 이미지를 중요시한다. 그러나 단순 이미지보다 비유적, 상징적 이미지를 좋아한다. 때로는 이른바 절대적 이미지를 쓰기도 한다. 그러나 그 이미지 내부에는 사상이 내재되어 있다. 사상의 이미지화가 중요하다. 사상이 없는 단순한 이미지나 감상적인 정서의 나열을 좋은 시라고 생각하지 않는다. 그래서 나는 사상서나 철학서를 되도록 많이 읽으려고 노력한다.

나의 시의 근본 바탕은 한마디로 말하면 존재에 대한 탐구라고 말할 수 있다. 거기에는 비록 단편적이긴 하지만 서양철학과 기독교 사상, 불교와 동양사상 그리고 양자역학과 생물학 등의 과학 사상까지 다양한 사상의 시선이 녹아 있다. "시는 사상의 정서적 표현이다". 또는 "시는 사상의 정서적 등가물이다"라는 이론을 존중한다.

시는 하나의 경이驚異이다. 나는 이 명제를 존중한다. 감동이란 무엇인가? 그것은 쾌감이다. 쾌감은 어디서 오는가? 그것은 경이감에서 온다. 경이감이란 어떤 것이며 그것은 어디서 오는가? 우리가 놀라는 것은 전혀 뜻밖의 일을 당하거나 생각지도 못한 불행이나 행운을 얻었거나, 현실에서 거의 불가능한 것이 이루어졌거나, 이전에는 전혀 보지 못했던 새로운 것을 보았거나, 알지 못했던 것을 알게 되었거나 깨달았을 때이다. 따라서 경이감은 탈상식적이고 탈일상적이며, 평범한 것이 아니며, 낯설고 새로운 것이고, 뜻밖의 것이고, 신기한 것이다. 이러한 경이감이 독자에게 쾌감을 줄 수 있는 것이다. 이때 쾌감의 개념은 포괄적이며 감동을 포함하는 광의의 개념이다.

그렇다고 현실을 전적으로 무시하는가? 그렇지는 않다. 나의 시 중에는 현실 – 사회, 국가, 민족 등에 관한 시가 상당히 있다. 이러한 시도 가치 있는 시로서 존재할 필요가 있다.

또한 시는 사물과 인생에 대한 새로운 인식이나 해석이라고 말할 수 있다. 더 나아가 시는 사물과 인생에 대한 새로운 의미 부여다. 이 말은 '새로운 의미 창조'라는 뜻이다. 시인은 때로는 상식을 뛰어넘는, 이 세상에 없는 새로운 사물을 창조할 수도 있다. 그러므로 시인은 사물과 인생의 창조자, 즉 신이다.

이상 몇 가지, 생각나는 대로 나의 시에 대한 견해를 피력해 보았는데 동의하지 않을 분도 있겠지만 하여간 나의 생각이 그렇다는 것이다.

강준철

강준철 시인은 경북 성주에서 태어났고, 경북대학교 사범대학 국어교육과를 졸업했다. 동아대학교에서 문학박사학위를 받았고, 부산여자대학교 교수로 퇴임을 했다. 2003년 계간 『미네르바』로 등단했고, 시집으로는 『바다의 손』, 『푸조나무가 웃었다』, 『부처님, 안테나 위로 올라가다』가 있으며, 『꿈서사문학연구』 등의 저서를 출간한 바가 있다. 현재 한국문인협회 회원, 부산문인협회 회원, 새부산시인협회 회원, 미네르바작가회 회원과 '시와 인식' 동인, 우리말글사랑행동본부 회장으로 활동을 하고 있다.
『나도 한번 뒤집어 볼까요?』는 강준철 시인의 네 번째 시집이며, 그는 '뒤집기 미학'의 선구자이다. 이 '뒤집기의 미학'의 생산성이 마침내 「동백꽃의 관능」으로 꽃피어나고, 그 아름다움이 만리향으로 펴져나간다. 강준철 시인의 『나도 한번 뒤집어 볼까요?』는 '뒤집기 미학'의 아름다움이며, 그 신전이라고 할 수가 있다.

이메일 : kangjc42@hanmail.net

강준철 시집

나도 한번 뒤집어 볼까요?

발　행 2015년 9월 20일
지 은 이 강준철
펴 낸 이 반송림
편집디자인 김지호
펴 낸 곳 도서출판 지혜
　　　　계간시전문지 애지
기획위원 반경환 이형권 황정산
주　소 34624 대전광역시 동구 선화로 203-1 2층 도서출판 지혜 (삼성동)
전　화 042-625-1140
팩　스 042-627-1140
전자우편 ejisarang@hanmail.net
애지카페 cafe.daum.net/ejiliterature

ISBN : 979-11-5728-085-8 03810
값 9,000원

* 본 사업(전시/공연/행사/도서)은 2015년 한국문화예술위원회, 부산광역시, 부산문화재단 지역문화예술특성화지원사업으로 지원을 받았습니다.